Leseprofi

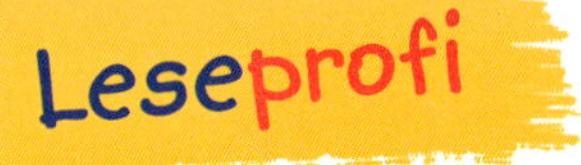

Die tollste Schultüte der Welt

Christian Tielmann

mit Bildern von Daniela Kunkel

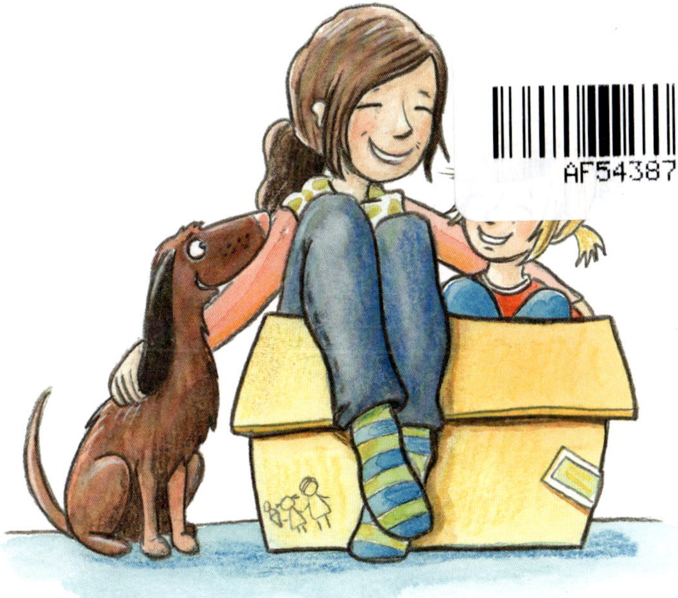

FISCHER Duden Kinderbuch

Jette und Mama sind umgezogen.

Sie haben eine neue Wohnung.

In einer neuen Stadt.

Sind das viele Kisten! UFF!

JETTE ist 6 Jahre alt.

Sie kommt in die Schule.

Aber sie kennt keinen.

OJE!

MAMA ist 40 Jahre alt.

Sie ist Lehrerin.

Sie kommt auch
an Jettes Schule. TOLL!

Mama hat eine Liste bekommen.

Darauf steht, was Jette braucht.

JETTE und MAMA

gehen einkaufen.

Jette kriegt viele neue Sachen:

Mäppchen, Malblock, Farben,

Schere, Kleber, Knete.

SUPER!

Mama braucht auch Sachen:

Sie kriegt neue Bleistifte

und einen Stift,

der schreibt ROT.

Jette hat schon

eine Schultasche.

Die hat OPA ihr geschenkt.

Auf der Tasche sind Delfine.

Jette freut sich

auf die SCHULE.

Aber ihr Bauch grummelt.

Jette hat ein bisschen Angst.

Mama hat auch
ein bisschen Angst.
Aber sie freut sich trotzdem
schon sehr.

Am Samstag wacht Jette auf.

Es ist noch Nacht.

Mama bastelt etwas.

Was gibt das? Einen HUT?

Nein, das wird kein HUT!

Das wird eine Schultüte.

Schultüten findet sie GUT.

Jette hat einen Plan.

Am MONTAG ist erster Schultag.

Für Jette und für Mama.

Jette kriegt von Mama

eine Schultüte.

Jette hat eine Überraschung:

Sie hat auch gebastelt.

Eine Schultüte für Mama.

GANZ ALLEIN.

Auf dem Schulhof

sind schon viele Kinder.

JETTE HÄLT MAMAS HAND.
MAMA HÄLT JETTES HAND.

Jette kommt in die Löwenklasse.

Mama kriegt die Möwenklasse.

Jette ist jetzt LÖWE.

Mama ist jetzt MÖWE.

Jettes Lehrerin heißt Frau MAI.

Frau Mai ist nett.

Neben Jette sitzt MIKA.

Mika ist auch nett.

Frau Mai kennt ALLE NAMEN,

aber noch nicht alle Gesichter.

Das muss sie lernen.

Das wird ihre Hausaufgabe.

Die Löwenklasse

kriegt auch eine Aufgabe:

Jeder schreibt

seinen Lieblingsbuchstaben.

Alle bekommen einen Stundenplan.

Jette hat jeden TAG

zur ersten Stunde Schule.

Und immer genau vier Stunden.

Dann ist der Schultag zu Ende.

WAS? WIE?

Schon vorbei?

Das war viel zu kurz, Frau Mai!

Mama und ihre Möwen

sind auch schon fertig.

Alle Kinder rennen raus.

DIE MÖWEN UND DIE LÖWEN.

Jette und Mama gehen nach Hause.

Jette findet die Schule gut.

Mama findet die Schule auch gut.

WIE GUT!

Was ist in Jettes Schultüte?

Kleine Geschenke und Lakritze!

Lakritze findet Jette spitze.

Auch in Mamas TÜTE ist Süßes.

Am DIENSTAG

ist Jette früh wach.

Viel zu früh, findet Mama.

Jette hat keine Angst mehr.

Sie hat nur noch

Freude im Bauch.

Mama steht endlich auf.

Jette freut sich auf Mika.

Und auf Frau Mai.

Und auf das LESEN

und RECHNEN.

„Hallo, Jette!“, ruft da jemand.

Das ist Mika. Jette rennt los.

„Tschüs, Mama.

BIS ZUR PAUSE!“

Das alles kannst du schon lesen!

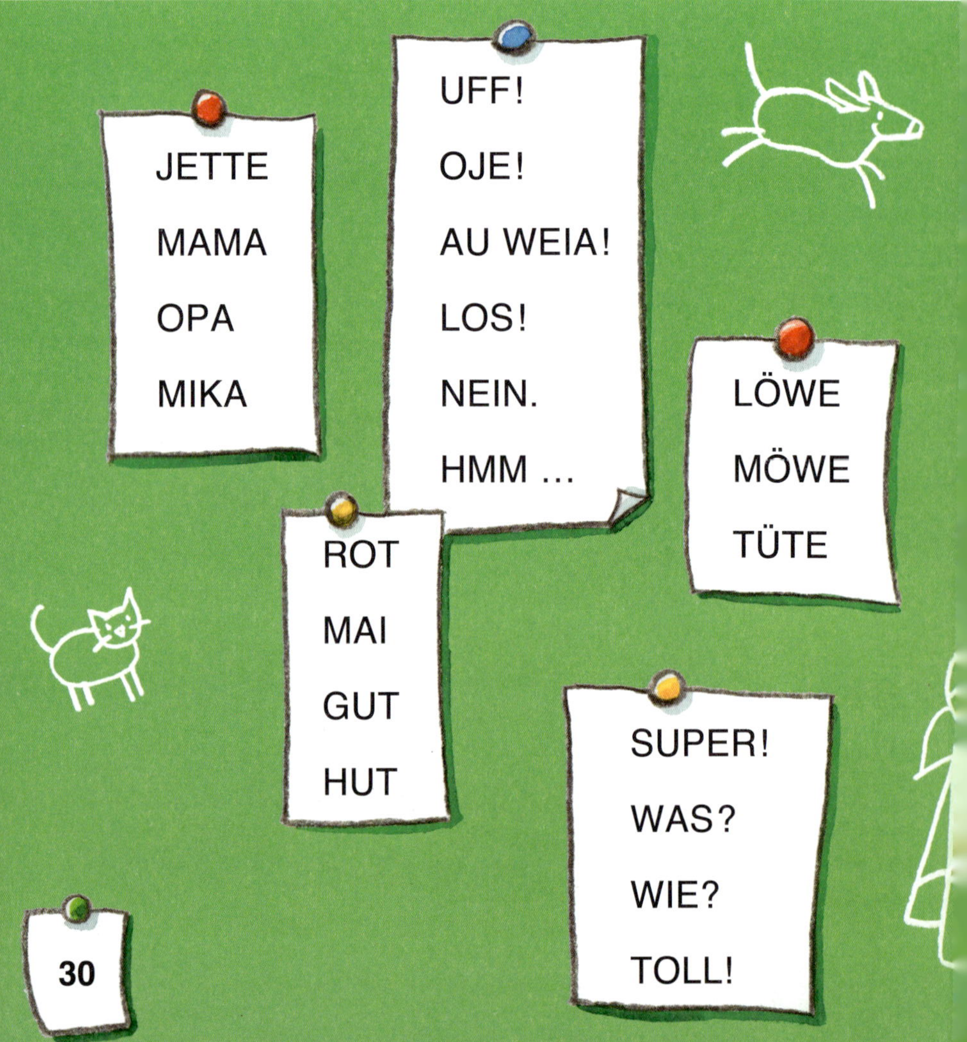

TAG

MONTAG

DIENSTAG

SCHULE

LESEN

RECHNEN

NA GUT

NUR MUT

GANZ ALLEIN

ALLE NAMEN

BIS ZUR PAUSE

JETTE HÄLT MAMAS HAND.

MAMA HÄLT JETTES HAND.

DIE MÖWEN UND DIE LÖWEN.